Hermann Strauch, Johann Caspar Bluntschli

Zur interventions-Lehre

eine völkerrechtliche Studie

Hermann Strauch, Johann Caspar Bluntschli

Zur interventions-Lehre
eine völkerrechtliche Studie

ISBN/EAN: 9783743681132

Hergestellt in Europa, USA, Kanada, Australien, Japan

Cover: Foto ©Suzi / pixelio.de

Weitere Bücher finden Sie auf **www.hansebooks.com**

Zur Interventions-Lehre.

Eine völkerrechtliche Studie.

Von

Dr. Hermann Strauch,

a. o. Professor an der Universität Heidelberg.

Heidelberg.
Carl Winter's Universitätsbuchhandlung.
1879.

Festgabe

zum 50jährigen Doctorjubiläum

des Herrn

Geheimeraths Professor Dr. J. C. Bluntschli

in Heidelberg.

VI.

Der Aufforderung einen Beitrag zu der Festgabe zu liefern, welche von mehreren hiesigen Kollegen Herrn Geh. Rath Bluntschli zur Feier seines 50jährigen Doktorjubiläums überreicht werden wird, glaubte ich am Passendsten durch Mittheilung einer Studie über das Interventionsrecht entsprechen zu können. Denn die centrale Bedeutung der Interventions-Lehre für das Völkerrecht und der Mangel einer diese Bedeutung würdigenden Monographie sind neuerdings von verschiedenen Seiten anerkannt worden.

Die Kürze der mir zugemessen gewesenen Zeit hat mich genöthigt, meine Ansicht lediglich programmartig zu formuliren, unter Weglassung alles gelehrten Apparates und mit Vermeidung jeder Polemik. Mein Streben war hierbei nicht, eine neue Interventions-Theorie zu schreiben, sondern es ging vielmehr dahin, die Resultate der bisherigen Theorieen zusammenfassend zu entwickeln und sie meinem Gesichtspunkte gemäß zu verwerthen. Daß solches bisher nicht geschehen sei, schließe ich aus den bereits erwähnten Zeugnissen. Aus eigener Anschauung kenne ich die betreffende neuere Spezialliteratur nicht, da völkerrechtliche Monographieen auf hiesiger Universitäts-Bibliothek nur in seltenen Ausnahmsfällen angeschafft werden.

Meine Studie soll endlich nicht nur eine Zusammenfassung der bisherigen Theorie, sondern hauptsächlich eine wissenschaftliche Skizze der bestehenden Interventions-Praxis sein. Gerade wir Theoretiker des Völkerrechts müssen uns, scheint mir, vor Allem bestreben, zu sagen „was ist".

Ich handle zunächst (unter I) vom Interventionsrecht, dann (unter II) von der Interventionspflicht.

I.

Intervention — im völkerrechtlichen Sinne — ist die Mitentscheidung von Rechtsstreitigkeiten internationaler Bedeutung durch ursprünglich nicht an demselben betheiligt gewesene souveräne Staaten. In dieser Fassung muß der Interventionsbegriff einer prinzipiellen Erörterung des Interventionsrechtes zu Grunde gelegt werden. Denn nur so ist er weit genug formulirt, um alle Fälle völkerrechtlicher Interventionspraxis, insbesondere die Mitentscheidung auf dem Gebiete eines bestimmten Staates entstandener Rechtsstreitigkeiten, sowie die Umgestaltung der Organisation eines Staates durch das Einschreiten dritter Mächte als Unterarten in sich zu begreifen. Andererseits schließt er in dieser Formulirung das Einschreiten aus staatsrechtlichen Gründen aus, dessen Erörterung in eine völkerrechtliche Studie nicht gehört. Das Einschreiten staatenbündischer oder bundesstaatlicher Centralorgane wird zudem meistens auch sprachlich als „Exekution" von der „Intervention" unterschieden.

Die völkerrechtliche Intervention, die Mitentscheidung eines internationalen Rechtsstreites durch dritte Staaten ist nothwendig an dieselben Rechtswege gebunden wie dessen Entscheidung überhaupt. Da nun aber bekanntlich völkerrechtliche Streitigkeiten auf zwei Wegen erledigt werden können, durch Vergleich oder durch kriegerische Selbsthülfe, so kann man auch eine friedliche und eine kriegerische Intervention unterscheiden. Die friedliche Intervention findet in der modernen Staatenpraxis immer häufigeren Eingang: Arten derselben sind die Leistung guter Dienste, die Vermittelung, die Abgabe eines Schiedsspruches. Aber das Recht der intervenirenden Macht ist hier keines Beweises bedürftig, da nur in Folge eines Vergleiches der streitenden Theile friedlich intervenirt werden kann. Ich habe daher bei meinen

Erörterungen über das Intervention=recht lediglich die kriegerische Intervention im Auge, welche man ihrer überwiegenden
Wichtigkeit halber vielfach auch allein als Intervention im
eigentlichen Sinne gelten läßt.

Daß ein Recht der Mitglieder der Staatengemeinschaft zu
kriegerischer Intervention im Prinzip existire, muß also zunächst
dargethan werden. Dann sind die Voraus=setzungen und Schranken anzugeben, an welche die Übung dieses Rechts im Einzelnen gebunden ist.

Das Vorhandensein eines solchen Intervention=-Rechtes im
Prinzip folgt aus der Thatsache, daß eine Rechts=genossenschaft
der Völker besteht, deren Existenz uns seit den letzten Jahrhun-
derten — dem westphälischen Frieden insbesondere — durch
eine constante Staatenpraxis bezeugt wird. Denn dieser Rechts=-
genossenschaft ist das Intervention=recht ihrer Mitglieder nothwendig immanent, was sich aus folgenden Erwägungen ergibt.
Die internationale Rechts=genossenschaft ruht — wie allgemein anerkannt ist -- auf dem Grundsatze der Gleichberechtigung der
in ihr vereinigten souveränen Staaten. Als Rechtsgenossenschaft kann sie ferner den Rechts=zwang nicht entbehren, welcher
jedoch eben der anerkannten Gleichberechtigung der souveränen Rechts=genossen halber nur durch staatliche Selbsthülfe, d. h. durch Krieg, geübt werden kann. Die kriegerische
Selbsthülfe strebt aber wie alle Selbsthülfe in's Maßlose, es liegt
also in ihrer nothwendigen Anerkennung zugleich die Gefahr,
daß sie die Rechtsordnung bedrohe oder vernichte, zu deren Verwirklichung sie berufen ist. Dieser Gefahr läßt sich endlich nur
dadurch begegnen, daß nicht in den fraglichen Streit verwickelte
Mächte die ihre anerkannten Gränzen überschreitende, bezw.
die internationale Rechtsordnung bedrohende staatliche Gewaltübung durch kriegerische Gewalt in ihre Schranken zurücktreiben.

Zu solcher Gewaltübung sind also die Staaten eventuell
genöthigt, um ihre Rechtsgemeinschaft, die sie wollen, zu erhalten,
d. h. die Consequenz ihres eigenen Thuns führt sie dahin,
ein Intervention=recht als den Schlußstein der ganzen

1*

internationalen Rechtsordnung, als den Regulator kriegerischer Gewaltübung anzuerkennen.

Aus dieser Begründung des Interventionsrechts folgt, daß
die Interventionsgewalt nicht weiter gehen darf als zur Beseitigung der Gemeingefahr, in welche der bestehende Streit die
Völkergenossen versetzt. Aber es folgt aus derselben auch ferner,
daß der Intervenient bis zu einem Eingriff in die Organisation
der streitenden Staaten fortschreiten darf, wenn die der Völkergenossenschaft drohende Gefahr nur auf diese Weise abgewendet
werden kann.

In dem Gesagten liegt zunächst die Rechtfertigung der Übung
des Interventionsrechtes in seinem ersten Hauptfalle, welcher
zugleich sein Normalfall ist, sofern es sich in demselben um
einen ursprünglich internationalen Streit, bezw. um die Beseitigung der aus einem solchen folgenden Gemeingefahr handelt.
Von diesem Falle muß also eine prinzipielle Erörterung des Interventionsrechtes anheben. Ja es würde keinen weiteren Haupt-
Interventions-Fall geben, wenn die Staaten stets auf ihrem Gebiete ihren staatlichen Beruf zu erfüllen, d. h. die Selbsthülfe
als Rechtsweg der Regel nach auszuschließen, allgemeine Gewaltübung zu verhindern vermöchten.

Die Geschichte zeigt uns aber, daß sie dies nicht immer
können, sie zeigt uns stets von Neuem das Beispiel von Staaten,
welche nicht im Stande sind ihre eigene Rechtsordnung wirksam
zu schützen, zu verhüten, daß sich ihre eigenen Unterthanen mit
gewaffneter Hand gegen diese Rechtsordnung erheben. Es leuch-
tet ein, daß des engen Zusammenhangs staatlicher und internationaler Verhältnisse halber auch solche Gewaltübung die völkerrechtliche Ordnung bedrohen kann. Dem Interventionsrechte
aber würde sein Existenz-Zweck genommen, es würde ihm die
Spitze abgebrochen werden, wenn man sich seiner nicht auch zur
Beseitigung solcher aus innerstaatlichen Verhältnissen erwachsener
internationaler Gemeingefahr bedienen dürfte. Dasselbe besteht
daher auch hier aus den bereits erörterten Gründen und somit
ergibt sich ein zweiter Hauptfall der Intervention. Es ist

dieser zweite Hauptfall der Intervention ihr Ausnahmsfall in dem Sinne, daß es sich bei demselben um einen ursprünglich staatlichen, völkerrechtliche Einflußnahme zunächst ausschließenden Streit handelt, welcher nur durch besondere Umstände zu internationalen Dimensionen gelangte, durch besondere Umstände gemeingefährlich und damit zum Gegenstand der Intervention dritter Mächte geworden ist. Daß, nachdem dies geschehen ist, auch hier die Interventionsgewalt nicht weiter gehen darf, als zur Beseitigung der bedrohenden Gemeingefahr, versteht sich von selbst. Aber die Natur der Verhältnisse, das Wesen des Ausnahmsfalles der Intervention bringt es andererseits mit sich, daß die unter seinen Voraussetzungen intervenirenden Mächte der Regel nach zu gewaltsamen Eingriffen in bestehende staatliche Organisationen gedrängt werden.

Im Ausnahmsfalle der Intervention erleidet nach dem Gesagten das Interventionsrecht gewisse Modifikationen, welche jedoch nur, wenn man von dessen Gestaltung in seinem Normalfalle ausgeht, richtig begriffen werden können. Darin, daß dieser Umstand von der Theorie bisher nicht genügend gewürdigt wurde, ist der Grund der meisten Irrthümer und Mißverständnisse zu suchen, welchen wir in der Interventionslehre begegnen. Indem man lediglich den Ausnahmsfall der Intervention in's Auge faßt, hat man das Interventionsrecht selbst zu einem Ausnahmsrecht gestempelt und sich damit die Möglichkeit sehr erschwert, dessen wirkliche Bedeutung zu erkennen. Manche Schriftsteller, für deren Regelmäßigkeits-Bedürfniß jede Ausnahme ein Greuel ist, wollen überhaupt vom Interventionsrecht nichts wissen, ja sie haben ein Nicht-Interventions-Prinzip aufgestellt. Daß sie mit der Postulirung des letzteren nur ihre eigene Unfähigkeit dokumentirt haben, die Wirklichkeit zu begreifen, brauche ich nach dem Vorgesagten kaum zu bemerken. Die Praxis hat ja immer an dem Interventionsrechte festgehalten, selbst die Praxis derjenigen Großmacht, welche in einem Anfall quäkerhafter politischer Mattherzigkeit das Nicht-Interventions-Prinzip, diese non-valeur eine Zeit lang scheinbar auf ihre Sahne schrieb. Und gerade die neueste Interventionspraxis zeigt uns unleugbare Fortschritte im Vergleich zur Vergangenheit.

Die Theorie hat darum keine Ursache, wie sie theilweise allerdings gethan hat, sich vom Leben abzuwenden, an der Möglichkeit zu verzweifeln, das Wesen der Intervention juristisch erfassen zu können. Ja sie darf dies nicht, wenn sie nicht ihre wichtigste Aufgabe verleugnen will, welche darin besteht, der Praxis eine Leuchte in dem Sinne vorzutragen, daß sie mit auf das Ganze gerichtetem Blick der im Einzelnen Befangenen deren wirkliches Thun und Wollen klarlegt.

Ich wende mich nunmehr zum zweiten Theil meiner Aufgabe in diesem Abschnitte, die Voraussetzungen und Schranken des Interventionsrechtes im Detail darzulegen, nachdem ich dessen Vorhandensein im Prinzip erwiesen zu haben glaube.

Ich bespreche zuerst den Normalfall, dann den Ausnahmefall der Intervention.

Der Normalfall der Intervention setzt zunächst voraus einen zwischen völkerrechtlichen Personen bestehenden Kriegszustand. Wer völkerrechtliche Persönlichkeit sei, ist also eine für dessen Beurtheilung entscheidende Vorfrage. Weil diese Vorfrage aber gegenwärtig mehrfach anders beantwortet wird wie früher, so ist auch die Gestaltung der heutigen Interventionstheorie eine von der früheren nicht unwesentlich verschiedene.

Als völkerrechtliche Persönlichkeit gilt uns gegenwärtig nur ein im internationalen Verbande stehender souveräner Staat, bezw. dessen Haupt.

Keine völkerrechtliche Persönlichkeit ist also eine Barbarengemeinschaft, z. B. diejenige der Zulu-Kaffern. Der Kampf gegen eine solche ist kein Krieg im völkerrechtlichen Sinne. Wie sein Beginn sich der völkerrechtlichen Diagnostizirung entzieht, so auch die Frage des Einschreitens dritter Mächte in denselben. Es ist dieselbe lediglich eine Frage der Politik.

Keine völkerrechtliche Persönlichkeit ist eine sog. Flibustier-Expedition. Das Einschreiten zu Gunsten einer solchen wäre ein flagranter Bruch des Völkerrechts.

Keine völkerrechtliche Persönlichkeit ist eine Nationalität. Denn ihr fehlt die Gesammt-Individualität, welche allein Trägerin einer Gesammt-Persönlichkeit sein kann. Wer repräsentirt eine Nationalität im Völkerverkehr? Die neueren Italiener haben daher durch das Hereintragen ihrer Auffassung der Nationalität als einer Persönlichkeit in die Interventionslehre und ihre Versuche, letztere von diesem Gesichtspunkte aus umzugestalten, weder der Wissenschaft noch dem Leben einen guten Dienst geleistet. Denn ein als neue Wahrheit mit Emphase verkündeter theoretischer Grundirrthum kann wissenschaftlich nur Schaden stiften, und eine auf denselben gebaute Doktrin ist so weit wie möglich entfernt, das Leben zu begreifen und somit auch zu beherrschen.

Keine völkerrechtliche Persönlichkeit ist eine Kirche. Denn ihr fehlen die Souveränität und die Machtmittel, welche allein die Kriegführung ermöglichen. Ihr Streit mit einem Staat kann demnach nicht zum Rechtsgrund der Intervention werden.

Keine völkerrechtliche Persönlichkeit ist ein völlig depossedirter Fürst, d. h. ein solcher, in dessen früherem Herrschafts-gebiet eine neue Staatsgewalt sich vollständig organisirt hat. Ein solcher Fürst kann keinen Krieg mehr führen und damit ist auch die rechtliche Möglichkeit einer Intervention zu seinen Gunsten ausgeschlossen. Eigenthümlich ist allerdings die Stellung des Pabstes dem Königreich Italien gegenüber. In seinen Pa-läften besitzt der heilige Vater einen Rest von Gebiet, welchen Italien nicht antasten kann, ohne die Intervention der übrigen Mächte mit Grund zu provoziren. — Wie sehr aber unsere mo-derne Interventionspraxis ihr Ansehen verändert hat in Folge der Thatsache, daß sie einen völlig depossedirten Fürsten nicht mehr als völkerrechtliche Persönlichkeit betrachtet, das ist von den verschiedensten Seiten bereits genügend hervorgehoben worden.

Wenn also zunächst nur der Streit wirklicher völkerrecht-licher Personen die Übung des Interventionsrechtes provoziren kann, so gibt doch nicht jeder Kampf derselben einen Rechts-grund zu interveniren, sondern nur ein solcher Kriegsstand, welcher gemeingefährliche Verletzungen der internationalen Rechts-

ordnung oder die Verletzung vertragsmäßiger Ansprüche bestimmter Staaten zur Folge hat. Die Hauptfrage in der Spezial-
erörterung des Normalfalles der Intervention lautet also:

„Wann darf eine gemeingefährliche Verletzung der internationalen Rechtsordnung als Folge eines Kriegsstandes angenommen werden?"

Bei Beantwortung dieser Frage ist zu unterscheiden zwischen
angerufener und nicht angerufener Intervention. Wird die Intervention angerufen, so hat der dritte Staat lediglich die
Thatsache der Rechtsverletzung, welche dem Interventionswerber
gegenüber eingetreten sein soll, zu prüfen. Muß er dieselbe be-
jahen, so darf er interveniren, einer Prüfung der Gemeingefahr
des geschehenen Unrechtes wird er durch die Thatsache des An-
rufens seines Beistandes überhoben. Durch das Ansuchen
fremder Hülfe erklärt nämlich der Interventionswerber seine
internationale Existenz durch die völkerrechtswidrige Thätigkeit
seiner Gegner für bedroht. Der Natur der Staatengemeinschaft
zu Folge hat aber jeder Staat das Recht, die Existenz eines
Mitgenossen als eine Lebensfrage des Völkerrechts zu behandeln. — Die geschilderte Lage der Dinge hat den Schein erzeugt,
als ob auf Anrufen stets intervenirt werden dürfe. Das ist
aber unrichtig. Behauptet der Interventionswerber völkerrechtswidrige Handlungen seines Gegners ohne Grund, so ist ein
Einschreiten zu seinen Gunsten seitens der angerufenen Macht
gegen das Völkerrecht.

Doch meistens wird einem Interventions-Gesuche nur will-
fahrt, wenn die Gemeingefährlichkeit der fraglichen Rechtsverletzung aus inneren Gründen angenommen werden muß und
darin liegt die praktische Bedeutung der Erörterung der Frage,
wann ohne Anrufen in einen Kriegsstand intervenirt werden
dürfe. In der Praxis nämlich mangeln die Interventionsge-
suche durch Krieg bedrohter Staaten bekanntlich nie. Im
Normalfalle der Intervention kömmt also ein Staat kaum je
in die Lage, ohne Anrufen sich zum Einschreiten veranlaßt zu
sehen.

Gemeingefährliche Rechtsverletzung kann nun aber ein Kriegsstand involviren durch die Art seines Beginnes, durch die Art der Kriegsführung, durch die Art der Kriegsbeendigung.

Ein Kriegsstand trägt in seinem Beginne Gemeingefahr, wenn er ohne Grund, ohne justa causa belli eingetreten ist. Der kriegerische Überfall eines Staates ist die denkbar schwerste Gemeingefahr für die Völkergenossen, sie rechtfertigt die Intervention zu Gunsten des überfallenen Staates auch ohne dessen Anrufen auf das Unbedingteste. Die Weigerung der in solchem Falle angerufenen Großmächte aber, dem Interventions-Gesuche Statt zu geben, schließt eine schwere moralische Mitschuld derselben an dem begangenen Rechtsbruch in sich.

Gemeingefahr birgt ferner eine bestehende Kriegführung, welche die Rechte des Kriegsgegners bezw. der Neutralen consequent mißachtet. Die Intervention erfolgt wider die Kriegspartei, welche die Gemeingefahr herbeigeführt hat; haben beide Gegner sie verschuldet, so rechtfertigt sich ein Einschreiten gegen beide. Thatsächlich werden einem solchen ziellosen Kriegsstande nur durch Eingriffe in die Heeresorganisation (Wehr-Verfassung) der Kriegsgegner Schranken gesetzt werden können.

Daß in der Anwendung dieser Sätze mit großer Vorsicht verfahren werden muß, daß nicht jede Verletzung des Kriegs- oder Neutralitätsrechtes eine Intervention rechtfertigt, versteht sich hierbei ebenso sehr von selbst, als daß gegenseitige leidenschaftliche Anklagen der streitenden Theile, auf fortwährende Mißachtung des Völkerrechts lautend, einer nüchternen Prüfung zu unterwerfen sind. Aber die Sätze selbst scheinen mir darum nicht minder consequent aus der Prämisse zu folgen, daß eine dauernd völkerrechtswidrige Kriegsführung die Continuität der internationalen Rechtsordnung untergräbt, welche Continuität doch eine Lebensbedingung der Völker-Rechts-Ordnung wie jeder Rechtsordnung und also Gegenstand des internationalen Gesammt-Interesses ist.

Drittens kann aber auch noch in Folge der Beendigung eines
Kriegsstandes — mag dieselbe nun in Form des Aufhörens der
Feindseligkeiten, der Debellation oder des Friedensschlusses erfolgt
sein Gemeingefahr für die Völkergenossen entstehen. Dies
ist nämlich dann der Fall, wenn die Kriegsbeendigung Erwer-
bungen von Gebiet im Gefolge hatte, auf welchen der Sieger
entweder nicht im Stande ist, staatliche Herrschaft zu begründen,
oder durch welche das bestehende Gleichgewicht der Macht bedroht, bezw. verletzt wird. In diesen beiden Fällen rechtfertigt
sich ein Einschreiten gegen den siegreichen Staat und zwar aus
folgenden Gründen:

Was zunächst die staatliche Besitzergreifung eines erworbenen Gebietstheiles angeht, so ist sie die unerläßliche Voraussetzung des Übergangs des Kriegs- in den Friedens-Zustand.
Sie ist vorhanden, wenn die Autorität des erwerbenden Staates
sich auf dem erworbenen Gebietstheil im Rechtsleben äußerlich
behauptet; sie mangelt, wenn diese Autorität durch herrschende
Gewaltzustände in Frage gestellt wird. Im letzteren Falle glimmt
das Kriegsfeuer unter der Asche fort, eine Lage, welche
die übrigen Mächte nicht zu dulden brauchen. Denn sie
läßt Unklarheit darüber bestehen, ob Krieg oder Friede sei
und gereicht hierdurch allen Völkergenossen zum schwersten
Schaden.

Napoleon's Bruder z. B. hat in dem eroberten Spanien
keine staatliche Herrschaft in dem geforderten Sinne zu begründen
vermocht.

Als wichtigste Gemeingefahr der Staatengenossenschaft erscheint aber endlich die aus einem Kriegsstand hervorgehende
Bedrohung oder Verletzung des internationalen Gleichgewichts.
Sie muß demnach hier zunächst im Prinzip als Interventions-
grund gerechtfertigt werden; dann ist die so schwierige Frage,
was im Einzelnen als Verletzung des Gleichgewichts zu betrachten
sei, wenigstens in ihren Grundzügen zu behandeln.

Die prinzipielle Rechtfertigung der Annahme von Gemeingefahr bei Verletzung des internationalen Gleichgewichts folgt

aus der Bedeutung, der Unentbehrlichkeit eines Gleichgewichts
von Recht und Macht für jede Rechtsgemeinschaft. In dem auf
dem Grundsatze der Über- und Unterordnung seiner Angehörigen ruhenden Staat wird dieses Gleichgewicht auf geistig-mora-
lischem Gebiet gewonnen durch die Art und Weise, in welcher
durch dessen Organisation große Rechte an entsprechend große
Pflichten geknüpft werden. In einer auf dem Grundsatze der
Gleichberechtigung ruhenden Rechtsgenossenschaft hingegen kann
dieses Gleichgewicht der äußerlich-materiellen Grundlage nicht
entbehren, es muß erhalten werden durch thatsächliche Macht-
gleichheit der stärksten Mitglieder derselben. Dieser allgemeine
Grundsatz kann auch für die Rechtsgenossenschaft der Völker
keine Ausnahme erleiden, es muß dieselbe ruhen auf der Macht-
gleichheit, dem Gleichgewichte der Großmächte in dem Sinne,
daß keine Großmacht Weltherrschaftsstellung einnimmt, oder,
positiv ausgedrückt, daß jede Großmacht einen ebenbürtigen
Rivalen hat. Gegenwärtig hat sich ein solches Gleichgewicht
in vollkommnerer Weise wie je zuvor herausgebildet: es ist ein
menschheitliches Interesse, daß dieser Zustand erhalten bleibe,
daß er nicht durch auf kriegerischem Wege herbeigeführte Gebietsveränderungen bedroht oder zerstört werde. Bedrohung
oder Zerstörung des internationalen Gleichgewichts ist aber nur
durch Gebietsveränderungen möglich, weil überhaupt das Gebiet die dauernde Grundlage der Staatskraft bildet, dann weil
kein anderer Faktor die Kriegskraft einer Großmacht in gleicher
Weise zu steigern vermag, wie der Erwerb eines Gebietes von
hoher strategischer Wichtigkeit. Durch Kriege herbeigeführte
Territorialveränderungen verletzen ferner das Gleichgewicht in
der That und rechtfertigen somit die Intervention der übrigen
Mächte, wenn das in Folge derselben erworbene Gebiet seinem
Umfange nach einem erheblichen Theil benachbarten Großmachts-
gebietes gleichkommt, oder wenn dessen strategische Wichtigkeit
außer allem Verhältniß zu seinem Umfange steht. Als Gebiete
der letzteren Art sind von den Großmächten formell erklärt
worden die Schweiz, Belgien, Luxemburg; daß auch Konstan-

tinopel mit Umgebung zu denselben gerechnet wird, steht außer allem Zweifel.

Gleichgewichtsverletzungen der geschilderten Art können übrigens nicht nur in Europa, sondern auch in den andern Welttheilen eintreten. Denn mit der Ausdehnung des Völkergenossenschaftsgebietes auf den größten Theil der Erde hat das Gleichgewicht schon längst aufgehört, ein lediglich europäisches zu sein.

Das sind die Voraussetzungen, unter welchen bei ursprünglich internationalen Verwicklungen eine bestehende Gemeingefahr für die Völkergenossen angenommen werden darf oder muß und hiernach eine Intervention gerechtfertigt erscheint.

Die Fälle, in welchen bei den erwähnten Verwicklungen besondere Verträge ein Interventionsrecht einräumen, bedürfen keiner prinzipiellen Erörterung. Das Recht zum Einschreiten besteht alsdann — wenn die fraglichen Verträge nach allgemeinen völkerrechtlichen Grundsätzen noch zweifellos in Kraft stehen — in seinem vertragsmäßig zugestandenen Umfange. —

Ich komme nunmehr zum zweiten Hauptfalle, dem Ausnahmsfalle der Intervention, bei welchem es sich um einen Streit handelt, welcher, ursprünglich innerstaatlicher Natur, erst in seinem Verlaufe internationale Dimensionen angenommen hat, bezw. gemeingefährlich für die Völkergenossen geworden ist.

Auch hier wird vor Allem vorausgesetzt ein auf Völkerrechtsgebiet entstandener Streit; das Eingreifen in die inneren Kämpfe eines Barbaren-Landes ist gleich dem Eingreifen in den Kampf mit einem Barbaren-Lande, lediglich nach Grundsätzen der Politik zu beurtheilen.

Vorausgesetzt wird ferner das Erwachsen des Streits in internationale Dimensionen bezw. zur Gemeingefahr, und hieraus folgt als ganz selbstverständlich, daß erst, wenn solches angenommen werden darf, von Interventionsrecht überhaupt die Rede sein kann.

Es ist hiernach klar, wie lediglich innere Angelegenheiten, Schwierigkeiten oder Kämpfe eines Staats, so wenig ein Recht zur Intervention dritter Mächte begründen, daß vielmehr gerade der Bestand einer Völkergenossenschaft als gegenseitiger Schutz-genossenschaft souveräner Persönlichkeiten solches Einschreiten zur rechtlichen Unmöglichkeit macht. Hätte man Staats- und Völkerrecht besser gesondert, als dies bisher meistens der Fall war, hätte man insbesondere die lediglich ergänzende Be-deutung der völkerrechtlichen Ordnung im Verhältniß zur staats-rechtlichen sich vor Augen gehalten, so würde es ganz über-flüssig sein, diesen Satz hier noch weiter zu erläutern und zu begründen.

Aber diese Sonderung hat eben bisher vielfach nicht statt-gefunden und so sehen wir, daß schon Hugo Grotius ein Inter-ventionsrecht annimmt wider denjenigen Herrscher oder Staat, auf dessen Gebiete Dinge verübt werden, quae æquo nulli pro-bantur. Später hat man diesen Gedanken in der Art formulirt, daß man sagte, die Verletzung der „Menschenrechte" seitens eines Staates namentlich durch Aufrechthaltung und Duldung der Sclaverei und des Sclavenhandels, sowie Verfolgungen oder Mißhandlungen von christlichen Unterthanen durch deren eigene Regierung begründeten für die übrigen bezw. für die christlichen Staaten ein Recht zum Einschreiten. Letztere Meinung wird vielfach von englischen Schriftstellern getheilt, welche ausführ-lich von einer intervention on religious grounds handeln.

Dem gegenüber muß also ausdrücklich betont werden, daß alle diese Interventions-Ansprüche in der wirklichen Natur des völkerrechtlichen Verbandes keine Begründung finden, daß die-selben vielmehr auf irrthümlichen oder überwundenen Ideen und Anschauungen beruhen.

Die Annahme eines Interventionsrechtes behufs allseitiger Durchführung der oder wenigstens gewisser sog. Menschenrechte ist im letzten Grunde auf die Anschauung zurückzuführen, daß die Völkergenossenschaft der Anfang eines Weltbundesstaats sei, welcher seinen Angehörigen gewisse Bürgerrechte garantirt habe.

Aber diese Anschauung steht im Widerspruch mit dem Wesen
richtig erfaßter staatlicher Souveränität. Die Gestaltung der Rechts-
fähigkeit seiner Angehörigen ist Sache des sittlichen Ermessens
jedes Volkes; es gibt kein Recht dritter Staaten, ein Volk zur
Verwirklichung der Postulate einer bei ihnen herrschenden rechts-
philosophischen Schule mit Gewalt zu nöthigen. Daß dieser allgemeine Grundsatz auch bezüglich der Abschaffung oder Nicht-
wiedereinführung der Sclaverei und des Sclavenhandels gilt, da-
für zeugt die ganze bisherige völkerrechtliche Praxis zwischen
Großmächten. Wo Interventionen gegen die Fortdauer der Sclaverei oder des Sclavenhandels allgemeine Billigung fanden, da
gründeten sich dieselben entweder auf vertragsweise gegebene Con-
cessionen oder es handelte sich um außerhalb des Völkerverbandes
stehende Gemeinschaften, wie z. B. beim Einschreiten Englands
gegen den Sclavenhandel ostafrikanischer Sultanate. Die Vertre-
tung der Menschenrechte wird in der Praxis gewöhnlich nur betont, wenn es gilt, der unbefugten Einmischung in die inneren
Angelegenheiten schwacher Staaten, barbarischer oder halbbarba-
rischer Völker ein juristisches Mäntelchen umzuhängen: Pflicht
der Theorie scheint es mir zu sein, daß sie solchem Verhalten
für die Zukunft wenigstens ihre Stütze entzieht.

Es ist lediglich eine Consequenz des Vorgesagten, wenn auch
das Bestehen eines mehrfach behaupteten allgemeinen Interventionsrechtes zu Gunsten unterdrückter Christen oder überhaupt Religions-Parteien im Prinzip verneint wird. Die Annahme eines solchen Interventionsrechtes gründet sich nämlich
auf die Anschauung, die Völkergenossenschaft sei die moderne
Verwirklichung jenes christlichen Weltreiches, welches das Mittel-
alter träumte, sie sei der Anfang eines christlichen bezw. eines
Weltbundesstaates, welcher die Maxime staatlicher Gleichberechtigung der Anhänger aller Religionen zur Geltung zu bringen
habe. Die Weltbundesstaatsidee ist aber in solcher christlichen
Ausprägung praktisch sehr gefährlich, weil sie besonders pro-
testantischen Völkern gegenüber von Anhängern der katholischen
oder griechischen Kirche in der verderblichsten Weise ausgebeutet

werden könnte. Zu bekämpfen ist sie auch in dieser Fassung mit den bereits erwähnten Argumenten.

Der gegenseitigen Anerkenntniß staatlicher Souveränität unter den Völkergenossen halber geben ferner willkürliche Verwaltungs-Acte, insbesondere willkürliche Acte der Polizei-Verwaltung und Strafrechtspflege eines Staates, auswärtigen Regierungen so wenig ein Recht der Einmischung, wie philosophisch nicht zu rechtfertigende Gesetzgebungsmaßregeln, da einzelne Verletzungen staatlicher Rechtsordnungen nicht auch zugleich die internationale Rechtssicherheit tangiren. Nur eine absolute Willkürherrschaft würde dies thun und hiermit auch auswärtige Intervention gegen sich hervorrufen. Denn absolute Willkürherrschaft ist das Widerspiel jeder staatlichen Ordnung und wo Beleuchtung schlechtweg gefordert werden darf, muß man sich zwar eventuell mit geringem Lichte begnügen, braucht aber nicht Dunkelheit gelten zu lassen anstatt des Lichtes.

Auch größere Erschütterungen einer staatlichen Rechtsordnung, ja selbst der Umsturz einer bestehenden Regierungsgewalt, geben kein Recht zur Intervention, so lange dieselben die Einheit des betreffenden Staates nicht zerstören, bezw. ihnen rasch die Aufrichtung einer neuen Herrschaft folgt.

Es darf also nicht intervenirt werden gegen die Wandelung der Form eines Staates, wenn solche rasch durch einen entscheidenden revolutionären Stoß erfolgt, vorausgesetzt, daß die neue Regierung ihren internationalen Verpflichtungen nachkommt. Denn indem das Völkerrecht Staaten verschiedener Form nach den Grundsätzen der Gleichberechtigung mit einander verbindet, erkennt es damit die internationale Gleichwerthigkeit aller Staatsformen an, macht es also juristisch unmöglich, die Wandlung der Form eines bestimmten Staates als ein Ereigniß von internationaler Gemeingefährlichkeit zu betrachten.

Es darf ferner trotz eines ausgebrochenen Aufstandes so lange nicht intervenirt werden, als derselbe die Einheit des betreffenden Staates bestehen läßt, d. h. so lange dessen Leiter nicht gewisse Gebietstheile von der Herrschaft ihrer bisherigen

Regierung losgelöst und von denselben aus einen stetigen Ver-
kehr mit dem Auslande hergestellt haben. Denn so lange tangirt
ein Aufstand die internationale Rechtsordnung nicht: vielmehr
fährt auch die Regierung eines durch Revolution bedrohten
Staates fort, dessen völkerrechtlichen Willen in seinem bisherigen Umfange dem Auslande gegenüber zu bethätigen. — Auch
die Maßregeln, durch welche eine Regierung eine revolutionäre
Erhebung bekämpfen oder bestrafen zu müssen glaubt, entziehen
sich aus den bereits erörterten Gründen dem völkerrechtlichen
Einschreiten.

Selbstverständlich ist es aber, daß in den vorerwähnten Fäl-
len einem Interventions-Gesuche der betreffenden Regierung
Folge geleistet werden darf, vorausgesetzt, daß deren Verhalten
formell dem Rechte ihres eigenen Staates entsprochen hat. Es
ist nämlich ein solches Interventions-Gesuch ein Verzicht des
Interventions-Werbers auf die Geltendmachung völkerrechtlicher
Souveränität dem ersuchten Staate gegenüber innerhalb der
Schranken des Interventions-Falles.

Wie nun aber — gezeigter Maßen — jede Intervention
in lediglich auf dem Gebiete eines Staates hervortretende Gewaltübung ausgeschlossen bleiben muß, so folgt doch andererseits aus einer der Wirklichkeit entsprechenden Würdigung der
Bedeutung von Staats-Umwälzungen die eventuelle Berechtigung einer Intervention, sobald revolutionäre Gewaltübung — die Einheit des Staates, auf dessen Gebiet sie begann,
zerstörend — neue völkerrechtliche Persönlichkeiten schafft,
deren Streit fortan ein internationaler wird und darum auch
der Völkergenossenschaft Gemeingefahr bringen kann.

Die Annahme, daß eine revolutionäre Erhebung die Keime
neuer völkerrechtlicher Persönlichkeiten schaffen könne, erklärt
sich freilich nur aus der modernen Auffassung vom Wesen der
Staatsgewalt, welche von der in der legitimistischen Periode
unseres Jahrhunderts in Europa herrschend gewesenen sehr ver-
schieden ist. Jener Zeit war der Fürst der alleinige Träger der
Staatsgewalt, weil Eigenthümer von Land und Leuten. Dies

fürstliche Eigenthumsrecht konnte durch eine Revolution nur quo
ad possessionem gestört, nicht aber quo ad jus in Frage gestellt
werden: der Kampf eines Fürsten mit aufständischen Unterthanen war also jedenfalls eine rein innere Angelegenheit, in welche
nur auf Ansuchen des Fürsten und zu dessen Gunsten intervenirt werden konnte.

Es erregte daher großes Aufsehen, als Monroe, weil er
in moderner Weise das organisirte Volk als den Träger der
Staatsgewalt betrachtete, für sein Land die eventuelle Berechtigung einer Intervention zu Gunsten der werdenden völkerrechtlichen Persönlichkeit der aufständischen spanischen Kolonieen in
Anspruch nahm. Jetzt, nachdem Monroe's Staatsauffassung
Gemeingut geworden ist, können wir die Bedeutung seiner viel-
genannten und häufig mißverstandenen Doktrin für die Interventionslehre folgender Maßen formuliren.

Monroe hat vor Allem die für den Ausnahmsfall der Intervention entscheidende Vorfrage so richtig in concreto beantwortet, daß wir den seiner Antwort in dieser Richtung zu Grunde
liegenden allgemeinen Gedanken möglichst klar präzisiren müssen.
Zu diesem Ende ist festzustellen, unter welchen Voraussetzungen
eine aufständische Partei zu einer kriegführenden Macht wird.
Es geschieht dies dann, wenn sie aus einer Masse von Menschen
auf einem das Ausland oder das Meer berührenden Territo-
rium eine Willenseinheit geschaffen hat, welche sich darstellt in
einer Regierung und einer Kriegsmacht. Dann sind nämlich
Volk, Land und eine organisirte Gesammtgewalt die staatlichen
Voraussetzungen: es ist die Möglichkeit des Verkehrs mit anderen
Staaten, die völkerrechtliche Voraussetzung internationaler Persönlichkeit, bei der betreffenden Gemeinschaft vorhanden.

Diese allgemeine Fassung eines in Monroe's Botschaft con-
cret formulirten Gedankens, d. h. die consequente Annahme einer
werdenden internationalen Persönlichkeit dort, wo man zu Zeiten
der Congresse von Wien und Verona eine solche leugnete, modi-
fizirt aber die Lehre von der Intervention in deren Ausnahmsfall
gerade so sehr, wie gezeigtermaßen die heutige Nichtannahme

der zu jenen Zeiten behaupteten völkerrechtlichen Persönlichkeit
eines völlig depossedirten Fürsten diese Lehre in ihrem Normalfalle umgestaltet hat. Zu diesen Wandlungen der Interventions-
theorie hat gleichfalls Monroe den Anstoß gegeben.

Steht einmal fest, daß aus einer revolutionären Erhebung
ein Krieg zwischen einer bereits anerkannt gewesenen und einer
werdenden völkerrechtlichen Persönlichkeit sich entwickeln kann,
so ist hiermit auch die rechtliche Möglichkeit einer eventuellen
Intervention und zwar zu Gunsten jedes der kriegführenden
Theile gegeben.

Bei Beantwortung der Frage nach dem wirklichen Vorhandensein des betreffenden Interventionsrechtes muß nun aber
auch im Ausnahmsfall der Einmischung unterschieden werden
zwischen angerufener und nicht angerufener Intervention.

Wird die Intervention angerufen, so hat auch hier der
dritte Staat lediglich die Thatsache der Rechtsverletzung, welche
dem Interventions-Werber gegenüber eingetreten sein soll, zu
prüfen. Die Prüfung dieser Thatsache bietet im Ausnahmsfalle
der Intervention eigenthümliche Schwierigkeiten dar, wenn es
sich um die Rechtmäßigkeit des Beginnes des betreffenden
Streites handelt, weil die Frage nach derselben, da, wo die eine
Partei eine werdende internationale Persönlichkeit ist, dem Gebiete des Staatsrechts angehört. Die beregte Frage ist aber deß-
halb praktisch sehr wichtig, weil insbesondere der werdende
Staat, welcher ein hohes Interesse daran hat, während der
Dauer des Kampfes Bundesgenossen zu gewinnen, sich überall
hin mit seinen Interventionsgesuchen zu wenden pflegt.

Bei Prüfung eines derartigen Interventionsgesuches handelt
es sich um eine staatsrechtliche Frage, welche internationale Bedeutung gewonnen hat; wir müssen also die Befugniß zur Einmischung prinzipiell für gegeben erachten, sobald die staatsrechtliche Verletzung des Interventionswerbers außer Zweifel steht.
Hinsichtlich der Diagnose dieser staatsrechtlichen Verletzung ist
freilich die Lage der Regierung des anerkannten Staats inso-
fern die unbedingt günstigere, als dieselbe das formelle Recht

wol meistens auf ihrer Seite haben wird und nur in außer-
ordentlichen Fällen die historische oder sagen wir ethische Berechtigung der Revolution und somit auch ein Interventionsrecht
zu Gunsten der Aufständischen angenommen werden darf. Wird
ohne solche Berechtigung zu Gunsten einer durch Revolution entstandenen kriegführenden Macht intervenirt, so ist die Intervention selbst ein revolutionärer Act, gegen welchen die übrigen
Mächte zu Gunsten der anerkannten Regierung unbedingt einschreiten dürfen, ja einzuschreiten moralisch verpflichtet erscheinen.

Doch, auch wenn der Beginn der Intervention zu Gunsten
eines streitenden Theiles in der angegebenen Weise berechtigt
erscheint, so bleibt doch die schließliche Erledigung eines derartigen Interventionsfalles, und damit die Bestimmung der Interventionsgrenze wesentlich eine Frage staatlicher oder internationaler Politik, bezüglich deren Beantwortung sich feste Regeln
nicht aufstellen lassen. Das thatsächliche Einschreiten eines Staates
in solchem Falle gibt daher anderen Mächten unbedingt das
Recht der Gegenintervention. Denn wo die Interventionsgrenze
controvers ist, gilt jeder Staat für berechtigt, Garantieen zu
suchen für Feststellung derselben in seinem eigenen Sinne.

Diese allgemeinen Erwägungen zeigen einmal speziell die
Berechtigung der von Monroe angedroht gewesenen eventuellen
Gegenintervention; dann aber auch überhaupt die eigenthümlichen
Schranken und Gefahren des auf staatsrechtlichem Grunde
fußenden Interventionsrechtes. Dasselbe ist im Prinzip vorhan-
den, aber eine weise Politik wird sich des Gebrauchs desselben
der weitaus größten Regel nach enthalten. Nur eine Kollectiv-
Intervention ist hier eventuell angezeigt und darum gefahrlos,
weil sie eine vorläufige Verständigung über die einzuhaltenden
Grenzen des gemeinsamen Einschreitens zur Voraussetzung hat. --

Ich komme nunmehr zu der Frage, wann im Ausnahmsfall
der Intervention ohne Anrufen eingeschritten werden darf,
d. h. wann in demselben aus inneren Gründen internationale
Gemeingefahr anzunehmen ist. Diese Erörterung ist aber praktisch um so bedeutsamer, als in den wichtigsten der hieher ge-

hörigen Spezialfälle die Möglichkeit eines Ansuchens der Intervention der Natur der Sache zu Folge ausgeschlossen erscheint.

Es ist zunächst klar, daß, weil der Beginn des Streites im Ausnahmsfall der Intervention auf staatlichem Gebiete liegt, derselbe keine unmittelbare internationale Gemeingefahr enthalten kann.

Ferner folgt aus früher Gesagtem, daß ein zielloser Kriegsstand, auch wenn er zwischen einem anerkannten Staate und einer durch Revolution gebildeten Macht eintritt, weil international gemeingefährlich das Einschreiten rechtfertigt; doch wird hier das Ansuchen um Intervention von keiner Seite fehlen. Sollte aber durch die Entwickelung förmlich anarchischer Zustände dies Anrufen unmöglich geworden sein, so ist ein Einschreiten ohne solches durch die Gefahr, welche Staatlosigkeit eines Theils des Gebiets der Staatengemeinschaft den Völkergenossen bringt, unbedingt legitimirt. Die Intervention darf gehen bis zur Herstellung neuer Staatsordnungen, welche den völkerrechtlichen Anforderungen entsprechen.

Die Beendigung eines revolutionären Kampfes endlich kann die Intervention ohne Anrufen rechtfertigen — und nur eine nicht angerufene Intervention ist eventuell hier möglich, weil eine zum Anrufen derselben rechtlich legitimirte Persönlichkeit nicht mehr vorhanden ist -- wenn sie zum Siege einer Partei führt, welche die Grundlagen staatlicher oder internationaler Ordnung in ihrem Machtbereich negirt und hiermit deren Fortdauer für die Gesammtheit der Völkergenossen überhaupt gefährdet.

Die Grundlage staatlicher Ordnung aber ist die Durchführung der Maxime individueller Rechtsungleichheit um der Gesammtheitwillen: nur Consequenzen dieser Maxime sind die Herstellung einer Regierung, einer Strafgewalt der Gesammtheit, des individuellen Eigenthums, der monogamischen Ehe, des individuellen Erbrechts. Eine Menschengemeinschaft also, welche dieser Maxime den Krieg erklärt, stellt sich damit selbst außerhalb der staatlichen Ordnung, und hat mit der staat-

lichen zugleich die internationale Ordnung gebrochen, welche auf
der staatlichen ruht. Sie hat den Anspruch auf weitere Achtung
ihrer Persönlichkeit verwirkt, sie ist völkerrechtlich vogelfrei geworden, wie nach altgermanischem Rechte der Verbrecher durch
seine Unthat vogelfrei wurde unter seinen bisherigen Rechtsge-
genossen. Das Gebiet einer solchen Gemeinschaft hat also völkerrechtlich keine Grenzen mehr; ihre Flagge ist eine Piraten-
Flagge. Jeder Staat, welcher ihr Gebiet ohne Rechtsverletzung
erreichen kann, mag gegen sie einschreiten, um die Fortexistenz
staatsfeindlicher und staatswidriger Zustände zu beseitigen und
diese durch staatliche Ordnung zu ersetzen. So weit sich ein
Staat hierbei innerhalb der allgemeinen völkerrechtlichen Schranken bewegt, ist seine Thätigkeit legitim und zu keiner Gegen-
intervention berechtigend. Ein Gebot politischer Klugheit wird
es allerdings in solchem Falle sein, daß sich die Nachbarmächte,
behufs Durchführung einer Collectiv-Intervention untereinander
verständigen.

Die Grundlage internationaler Rechtsordnung ferner ist
die seitens der Völkergenossen erfolgende Anerkennung der Maxime völkerrechtlicher Gleichwerthigkeit der bestehenden Staatsordnungen und die hieraus sich ergebende gegenseitige Achtung der Staaten als Personen des Völkerrechts, als
Mitglieder der Völkergenossenschaft. Auch durch die Leugnung
dieses Grundsatzes, durch die Verkündigung einer allein recht-
mäßigen Staatsform und die Erklärung, deren Herstellung überall unterstützen zu wollen — wie solche z. B. in der Prokla-
mation des französischen National-Konvents vom 19. November
1792 enthalten waren — stellt sich ein aus siegreicher Revolution
hervorgegangener Staat außerhalb des völkerrechtlichen Schutz-
verbandes — hors de la loi internationale. Alle übrigen Völkergenossen haben also ein Interventionsrecht gegen denselben bis
zur Beseitigung der aus seinem Verhalten entsprungenen Gemeingefahr. —

Ich habe im Vorstehenden die Voraussetzungen des Interventionsrechtes in ursprünglich innere Händel der Völker dar-

gelegt, wie sich solche ohne besondere Verabredungen aus dem Wesen der Staaten und der Natur der Völkergenossenschaft ergeben.

Ich will nunmehr einen Blick auf die für solche Angelegen-heiten vertragsmäßig eingeräumten Einmischungsrechte (reversionary rights) werfen, welche viel häufiger und wichtiger sind wie die im Normalfalle der Intervention vorhandenen, und sich hauptsächlich in Friedensschlüssen vorfinden, deren be-treffende Artikel hierdurch eine garantirende Bedeutung für ge-wisse staatliche und internationale Zustände erhalten.

Auch bezüglich dieser Rechte ist im Allgemeinen zu sagen: sie gelten in ihrem vertragsmäßig zugestandenen Umfang. Nur insoweit verdienen sie eine besondere Erörterung, als sie das Interventionsrecht über seine normalen Grenzen hinaus er-weitern, dasselbe auch in innere Angelegenheiten eines Staates statuiren. Die juristische Natur der Rechte letzterer Art soll also zunächst charakterisirt, und dann deren spezielle Gestaltung in den Staaten, in welchen sie am ausgedehntesten vorhanden sind, kurz in's Auge gefaßt werden.

Vertragsmäßig zugestandene Einmischungsrechte in die in-neren Angelegenheiten eines Staates sind nach den bisherigen Erörterungen wahre und wirkliche Ausnahmsrechte, weil sie die völkerrechtliche Souveränität des verpflichteten Staates beschränken. Sie müssen also auch die juristische Natur von Aus-nahmsrechten haben, das heißt: sie müssen mit der höchsten Mäßi-gung gebraucht werden, im Zweifelsfalle gilt der verpflichtete Staat für berechtigt, das fremde Einschreiten abzulehnen; die Verträge, auf welchen solche Einmischungsrechte beruhen, sind strictissimae interpretationis.

Thatsächlich kommen derartige Einmischungsrechte in innere Angelegenheiten eines Staates nur noch im südöstlichen Europa und in fremden Welttheilen vor und haben auch nur dorten eine ethische Rechtfertigung. Sie stellen nämlich den Vorbehalt dar, unter welchem die Aufnahme von Staaten fremder oder gegen die unsrige zurückstehender Kultur in den Völkerverband

erfolgt ist. Freilich erhält — der Natur der Sache zu Folge
durch solchen Vorbehalt der erwähnte Aufnahmsvertrag für jene
Gemeinwesen etwas vom foedus iniquum im antiken Sinne: nur
bedingungsweise und keineswegs in vollem Umfange ist die
völkerrechtliche Souveränität jener nicht-arischen Reiche anerkannt.

Das Vorgesagte gilt hauptsächlich von der Türkei und
den ostasiatischen Reichen. Der Inhalt der mit den genannten
Ländern von uns Ariern abgeschlossenen Verträge läßt sich, so
weit er uns hier interessirt, im Allgemeinen dahin formuliren,
daß jene Völker uns ein Einmischungsrecht in ihre staatlichen
Angelegenheiten zugestanden haben, in solchem Umfange, als
wir desselben bedürfen, um unseren auf ihrem Gebiete befindlichen Unterthanen, Schutzgenossen, Consuln und Gesandten eine
unseren Ansprüchen genügende Rechtsstellung zu sichern. Der
Gebrauch dieses Einmischungsrechts hat natürlich überall An-
laß zu Streitigkeiten zwischen den Großmächten gegeben; am
Meisten war Solches bisher in der Türkei der Fall.

Letzterer gegenüber war ein Einmischungsrecht Europa's
prinzipiell bereits enthalten in den sogenannten Kapitulationen,
durch welche den auf türkischem Gebiet befindlichen Europäern
Exterritorialitäts-Privilegien gewährt und dieselben der Juris-
diction ihren eigenen Consuln unterstellt wurden. Dieses allerdings meistens willkürlich ausgedehnte Einmischungsrecht ist
dann Jahrhunderte hindurch von den verschiedenen Großmächten
für ihre politischen Zwecke ausgebeutet worden, mit dem größten
Geschick von Seiten Rußlands.

Solchem die europäische Ruhe vielfach bedrohenden Intri-
guen- und Interessenspiel suchte zunächst der Pariser Frieden
ein Ziel zu setzen durch allgemeine formelle Anerkenntniß der
Souveränität der Pforte im europäischen und völkerrechtlichen
Sinn, welche demnach insbesondere den Ausschluß fremder Intervention in die inneren Angelegenheiten der Türkei bedeuten
wollte. Zugleich sollte durch Stipulation einer Interventionspflicht in deren äußere Händel der Pforte die nöthige Ruhe

für Durchführung der zur Behauptung ihrer neuen Stellung nothwendigen Reformen gesichert werden.

Aber es zeigte sich, daß die Voraussetzung, die Türkei würde in kurzer Frist ihre inneren Zustände den abendländischen einiger Maßen annähern, eine irrige war. Es hörte daher auch die Intervention in deren innere Angelegenheiten nicht auf; zudem boten frühere Verträge und Kapitulationen, welche der Pariser Frieden hatte bestehen lassen, eine zweifellose rechtliche Hand-habe für das Einschreiten Europa's.

Neue aus diesen Verhältnissen entsprungene Verwicklungen haben ihren einstweiligen Abschluß im Berliner Vertrage gefunden, welcher, was das Einmischungsrecht in innere türki-sche Angelegenheiten angeht, als das vollkommene Widerspiel des Pariser Friedens zu bezeichnen ist. Recht deutlich tritt dies hervor, wenn man den Vertrag, wie es geschehen muß, betrach-tet im Zusammenhang mit der englisch-türkischen Convention vom 4. Juni 1878, mit dem Frieden von Konstantinopel und der österreichisch-türkischen Convention bezüglich Novibazars.

Der Berliner Vertrag gibt nämlich zunächst den Mächten ein Einmischungsrecht allgemeinster Art auf dem Felde der Ge-setzgebung durch die der Pforte auferlegte Verpflichtung, ihre verschiedenen Religions-Angehörigen einander rechtlich gleich zu stellen. Alle Religions-Gemeinschaften sollen sich frei orga-nisiren und frei mit ihren auswärtigen geistlichen Oberen ver-kehren dürfen. Gleiche Verpflichtungen sind den aus dem tür-kischen Lehensverband geschiedenen Staaten, Montenegro, Ser-bien, Rumänien, auferlegt.

In welcher Weise sich diese Stipulation zu Einmischungen ausbeuten ließe, weiß jeder Jurist. Aufgabe der Theorie ist es also zu betonen, daß jeder Culturstaat sich weigern würde, die genannte Verpflichtung ihrem strengen Wortlaut nach durch-zuführen, daß daher die betreffenden Artikel des Berliner Ver-trags in restrictiver Weise ausgelegt werden müssen, um so mehr als völkerrechtliche Verträge bonae fidei contractus sind, und es sich um ein Ausnahmsrecht, die Intervention in die

inneren Angelegenheiten bestimmter Länder handelt. Es gilt
dies speziell von der Durchführung jener Verpflichtungen in
Montenegro, Serbien und Rumänien, deren völkerrechtliche Souveränität die Mächte ja doch in Wahrheit begründen wollen und
bei gutem Willen auch begründen können.

Serner ist durch die genannten Verträge den Mächten ein
so ausgedehntes Interventionsrecht in die Verwaltungs-Ange-
legenheiten der Türkei eingeräumt, daß man fast behaupten
könnte, sie hätten bereits deren Mitverwaltung übernommen.
Thatsächlich verwaltet Österreich-Ungarn Bosnien und die Her-
zegowina. England hat eine Art Mitverwaltungsrecht in Klein-
asien. Die Verwaltung Ostrumeliens steht unter der Controle
einer europäischen Commission: auch über die für die Verwaltung der übrigen europäischen Provinzen der Türkei aus-
zuarbeitenden Verwaltungsstatute soll diese Commission ver-
nommen werden. Die Mächte überwachen die zu Gunsten der
Armenier gegen die Übergriffe der Kurden und Cirkassier ein-
zuführenden Maßregeln, bezüglich deren ihnen periodischer Be-
richt erstattet wird. — Österreich hat das Recht bedeutsamer
Einflußnahme auf die montenegrinische Verwaltung und einigen
Einflusses auf die Verwaltung Serbiens erhalten.

Ich habe die Entstehungs-Geschichte und wenige Haupt-Mo-
mente des Berliner Vertrags kurz angedeutet, um hierauf folgende allgemeine Betrachtungen über die Bedeutung dieses Vertrags für die Interventions-Lehre zu stützen.

Die vorläufige Regelung, welche die Intervention der Mächte
in die inneren Angelegenheiten der Türkei durch den Berliner
Vertrag gefunden hat, ist nach verschiedenen Richtungen hin sehr
interessant.

Es enthält dieser Vertrag nämlich die formelle Anerkennung der
Unentbehrlichkeit einer Interventions-Politik bezüglich der inneren
türkischen Angelegenheiten und zugleich den ersten Versuch, dieser
Interventions-Politik für die Zukunft eine gewisse Directive zu
geben, durch welche Streitigkeiten der Mächte über die Grenzen
ihrer Interventionsrechte vermieden werden sollen. Diesen Zweck

sucht der Berliner Vertrag zu erreichen, einmal durch Bestellung gewisser Organe, Commissionen, behufs Verständigung über die Durchführung bestimmter gemeinsamer Interventionsrechte, dann durch Localisirung des, wenn ich so sagen darf, administrativen Interventionsrechtes einzelner Mächte auf bestimmte Gebiete. In der Initiative dieses Versuchs aber liegt die dauernde Bedeutung des Berliner Vertrags, mag auch die Durchführung der betreffenden Gedanken recht viel zu wünschen übrig lassen. Denn es ist hiermit der Weg gewiesen, welchen die Interventions-Politik der Mächte in die inneren Angelegenheiten kulturell zurückstehender Staaten in Zukunft wird wandeln müssen.

Und das ist wichtig, vor Allem, weil die Unentbehrlichkeit solcher Interventions-Politik sich immer mehr zeigen wird, wie bisher der Türkei so künftighin wol zunächst den ostasiatischen Reichen gegenüber, bezüglich deren sie schon begonnen hat. Es ist die arische Intervention nämlich der Hebel staatlicher Entwicklung für jene Länder; erst nach wesentlicher Förderung der letzteren können diese Staaten völkerrechtliche Souveränität als Lohn für Herstellung wirklicher Staatszustände gewinnen und behaupten. Die erwähnte Interventions-Politik bezeugt also durch ihre Existenz die Solidarität menschheitlicher Entwicklung und zugleich die ganze Thorheit des Geschrei's der Ritter des Nicht-Interventions-Prinzips.

Je mehr die Mächte aber ferner dieser geschichtlich nothwendigen Interventions-Politik eine vertragsmäßige Basis geben, je mehr sie das aus ihr entspringende Interventionsrecht seinem wirklichen Charakter gemäß als Übergangs- und Ausnahmsrecht behandeln werden, desto größer wird ihr Verdienst um die Herstellung einer menschheitlichen Rechtsordnung sein.

Wir Theoretiker können Nichts weiter thun, als diese Wahrheiten verkünden. —

Am Schlusse meiner Erörterungen über die Voraussetzungen allgemeinen und vertragsmäßigen Interventionsrechtes angelangt, habe ich zunächst zu konstatiren, daß in denselben zugleich eine Erörterung der Schranken der genannten Befug-

nisse enthalten ist. Denn jede genauere Betrachtung der Ur-
sachen einer Erscheinung gibt uns zugleich Aufschluß über deren
Wirkungen. Nur als Ergänzung des Vorangeschickten ist daher
zu betrachten, was über die Interventionsschranken noch weiter
hinzugefügt werden soll.

Das Interventionsrecht ist die Stütze der internationalen
Rechtsordnung, es soll Erschütterungen derselben verhüten oder
ahnden. Es muß also aufhören, sobald die Rechtsverletzung
oder Gemeingefahr, auf welche es sich gründete, gesühnt oder
beseitigt ist. Überschreitet der Intervenient die hierdurch ge-
gebenen Schranken seiner Thätigkeit, so erwächst den übrigen
Völkergenossen ein entsprechendes Recht der Gegen-Intervention, welches sich fortsetzt bis zur thatsächlichen Begleichung
des geschehenen Unrechts, oder der allseitigen Anerkennung der
durch den letzten Intervenienten geschaffenen Zustände. Jedes
Interventionsrecht wird also in seinen natürlichen Schranken
gehalten durch eventuelle Gegen-Interventionsrechte, welche mit
Nothwendigkeit durch dessen Mißbrauch sich erzeugen.

Aus dieser allgemeinen Charakteristik der Interventionsschranken ergeben sich verschiedene Consequenzen.

Eine internationale Gemeingefahr ist das Motiv der Thätigkeit
der Intervenienten, nur die Herstellung der internationalen Rechtsordnung kann daher das Ziel dieser Thätigkeit sein. Bei der Mitentscheidung des Interventionsfalles darf der Intervenient so wenig
speziellen Vortheil aus der Intervention ziehen wollen, wie der
Richter Vortheil ziehen darf aus dem Prozeß, den er entscheidet.
Denn in der That übt der Intervenient den richterlichen ver-
gleichbare Sunctionen in der äußeren Stellung einer Partei.
Dies gilt für das Eingreifen eines Staates in die inneren Angelegenheiten eines anderen, es gilt insbesondere auch für die
in völkerrechtlichen Formen sich bewegende Erledigung eines
Interventionsfalles. Im Interventionskriege kann also für den
Intervenienten das Kriegsziel nur in der Beseitigung der Kriegs-
Ursache, bezw. in dem bona fide möglichen Ersatz der von ihm
gebrachten materiellen Opfer bestehen — über diese Grenze

hinausgehende Ansprüche geben dritten Mächten das Recht der Gegen-Intervention.

Weil nun in der angeführten Weise der Interventions-Krieg dem Intervenienten keinen Machtzuwachs bringen kann, die Schranken desselben also enger gezogen sind als diejenigen sonstiger Kriege, weil ferner zum Beginne eines Interventions-Krieges keine so zwingenden Motive vorliegen wie zum Beginne eines Krieges der Selbstvertheidigung, so werden Interventions-Kriege thatsächlich nur von Großmächten begonnen. Gerade darum sind aber die Gefahren eines Interventions-Krieges für die Menschheit gewöhnlich sehr große. Denn leicht provozirt die Intervention einer Großmacht die Gegen-Intervention einer andern und dann entzündet sich ein Weltbrand, welcher die tiefsten Erschütterungen der ganzen internationalen Rechtsordnung im Gefolge haben, zu einer revolutionären Umgestaltung der bestehenden Staate führen kann.

Aus dem Bestreben, dem Eintritte dieser Gefahren vorzubeugen, ist neuerdings der Gedanke der Collectiv-Interven-tion entsprungen, unter welcher man das gemeinsame Einschreiten der Großmächte oder wenigstens einiger derselben versteht.

Es ist die Collectiv-Intervention nur eine Form der Intervention, deren rechtlichen Charakter sie im Allgemeinen trägt, aber eine zur Verhütung der in jeder Intervention für den Weltfrieden liegenden Gefahren besonders geeignete Form derselben. Denn durch ihren Collectiv-Charakter bietet sie die Garantie für thatsächliche Nicht-Überschreitung der jeweiligen Rechtsschranken der Intervention, weil sie eben das vorläufige Einverständniß der Intervenienten über diese Schranken voraus-setzt. Ja, das Zustandekommen eines solchen Einverständnisses ist so bedeutsam, daß es die Führung eines Interventions- oder Gegen-Interventions-Krieges überflüssig zu machen geeignet erscheint, wie es sich z. B. in der belgischen und neuerdings in der orientalischen Frage gezeigt hat. In diesem Sinne ist die Collectiv-Intervention die Zukunfts-Form der Intervention über-

haupt. Sie hat die Bedeutung einer organisatorischen Maß-
regel zur Aufrechthaltung der internationalen Rechtsordnung.

Beseitigung der aus einem Streit von internationaler Bedeutung entspringenden Gemeingefahr ist der Zweck der Interventionen — die Möglichkeit der Übung des Interventionsrechts
ist also jeweils zeitlich beschränkt auf die Dauer eines dasselbe provozirenden Streites. Auch die lediglich formelle Erledigung eines Interventions-Falles schließt die weitere Möglichkeit nachträglicher Intervention auf Grund desselben aus. Diese
formelle Erledigung ist aber gegeben mit allseitiger auch durch
concludente Handlungen möglicher Anerkennung seiner Rechts-
Folgen.

Diese zeitliche Schranke der Möglichkeit der Ausübung des
Interventionsrechtes ist gleichfalls eine nothwendige Consequenz
der genossenschaftlichen Natur des internationalen Rechtsverban-
des. Was der „Umstand" gebilligt hatte, war formelles Recht
in der altdeutschen Gemeinde.

II.

Das in Abschnitt I geschilderte Interventionsrecht ist ein
reines Recht in dem Sinne, daß dessen thatsächlicher Gebrauch
von dem moralischen Ermessen der Berechtigten abhängt. Durch
Nichtgebrauch dieses Rechts kann der Berechtigte die internationale Rechtsordnung, ja seine eigene Existenz gefährden, er wird
eventuell seiner Vergangenheit untreu, hält die Rechtsordnung
nicht ferner aufrecht, welche er doch bisher kraft seines sittlichen
Bewußtseins stützte — aber er verletzt keine Rechtspflicht.

Das prinzipiell durch den Begriff der Völkergenossenschaft
gegebene Interventionsrecht in diesem reinen Rechtssinn aufzu-
fassen, dazu nöthigt uns der in der bisherigen Staatenpraxis
consequent festgehaltene Souveränitäts-Begriff. Kraft der Gestaltung des letzteren im Leben müssen wir annehmen, daß die
durch eine Vereinigung souveräner Staaten geschaffene Rechtsgenossenschaft durch ihre Entstehung und ihren Bestand allein
ihren Mitgliedern Rechtspflichten gegen sich nicht auferlegt. Denn

solche Rechtspflichten gehören nicht zu ihren Existenz-Nothwen-
digkeiten: es kann eine Rechtsgenossenschaft auch bestehen mit
Selbsthülfe- und Interventions-recht, für deren Gebrauch nur
moralische Garantieen gegeben sind. Und allein die Existenz-
Nothwendigkeiten haben die souveränen Staaten der Rechtsgenossenschaft, in welcher sie jetzt leben, zugestanden.

Wenn nun aber auch eine allgemeine Interventionspflicht
nicht als Existenz-Nothwendigkeit der Völkergenossenschaft betrachtet werden kann, so ist doch andererseits leicht zu zeigen,
von welch' hohem Nutzen das Vorhandensein einer solchen Pflicht
in bestimmten Fällen großer Gemeingefahr für die Festigkeit der
internationalen Rechtsordnung sein kann. Die Existenz einer
solchen Pflicht setzt nämlich eine Rechtsgarantie für die Fortdauer der völkerrechtlichen Ordnung an Stelle der bisherigen
lediglich moralischen Garantie, sie ist geeignet, die begonnene
Organisation des Völkerverbandes gerade an deren entscheidend-
stem Punkte weiter zu führen. Diese Rechtsgarantie kann freilich nur in der formellen Anerkennung der betreffenden Interventionspflicht von Seiten aller Staaten und insbesondere der
Großmächte bestehen, das heißt nur eine formelle Anerkennung
der Rechtsnothwendigkeit bedeuten, die einzelstaatlichen Interessen den Interessen des Völkerverbandes eventuell unterzu-
ordnen. Weiter kann die Organisation einer aus souveränen
Mitgliedern bestehenden Rechtsgenossenschaft in der Zurückschie-
bung der moralischen Stützen und dem Ersatz derselben durch
Rechtsstützen nicht gehen. Der nächstfolgende Schritt nämlich
wäre nunmehr die Sicherung der Erfüllung der Pflicht des Einzelnen gegen die Gesammtheit durch Schaffung einer höchsten
Autorität, welche diese Pflichterfüllung zu erzwingen hätte. Dies
aber wäre Umwandlung des bestehenden internationalen Staa-
tenbundes in einen Weltbundesstaat   also Aufhebung der
Einzelsouveränität der Mitglieder desselben.

Die nächste Folgerung, welche wir aus dem Gesagten zu
ziehen haben, ist die, daß von einer Rechtspflicht zur Intervention im Völkerverband nur insoweit die Rede sein

kann als solche vertragsmäßig festgestellt ist. Die Verträge, in welchen eine Interventionspflicht übernommen wird,
heißen im Allgemeinen Garantie-Verträge. Ob aber Garantie-
Verträge eine für den Bestand der völkerrechtlichen Gesammt-Ord-
nung sichernde Bedeutung haben, das hängt von dem Inhalt des
durch sie garantirten Rechts-Verhältnisses, bezw. Rechtssatzes ab.
Sichern sie nur ein bestimmtes, für einzelne Staaten wichtiges,
insbesondere Vertrags-Verhältniß, so heißen sie accessorische
Garantie-Verträge und es kömmt ihnen eine directe und absolute Bedeutung für die internationale Rechtsordnung nicht zu.
Garantiren sie hingegen ein für alle Völkergenossen bedeutsames
Rechts-Verhältniß oder einen Satz des Völkerrechts, so heißen
sie selbständige Garantie-Verträge und sind für die Befestigung der internationalen Rechtsordnung von unmittelbarer
und prinzipieller Bedeutung.

Die accessorischen Garantie-Verträge sind alt. Seit dem
Bestande der Völkergenossenschaft hat sich nämlich auch das
Gefühl geregt von der sichernden Bedeutung einer Interventionspflicht für die Aufrechthaltung internationaler Verhältnisse und
Zustände, aber dies Gefühl ist zunächst in höchst egoistischer Be-
fangenheit zum Ausdrucke gelangt. Jede Großmacht nämlich
suchte diese Interventionspflicht in einer Weise zu gestalten,
welche ihr die Möglichkeit bot, allen Fug oder Unfug zu ver-
theidigen, der ihren egoistischen Interessen zu dienen schien.

Daher der Abschluß von accessorischen Garantie-Verträgen
seitens einzelner Großmächte und für relativ untergeordnete
Zwecke und der rasche Wechsel oder auch Bruch derselben: was
Alles das bekannte Urtheil des alten Fritzen über internationale
Garantirungen nur allzu sehr rechtfertigte.

Erst gegen Ende des 18. Jahrhunderts führte die wachsende
Einsicht der Regierungen allmälig zum Abschluß von Garantie-
Verträgen, welche Gesammt-Interessen der Völkergenossen dienten.
Als erstes bedeutendes Beispiel eines solchen selbständigen Ga-
rantie-Vertrags zum Schutze der internationalen Rechtsordnung
ist die bewaffnete Neutralität von 1780 zu nennen. Freilich

war dieselbe nur von sehr vorübergehender Wirksamkeit. Später
haben die Leiden der französischen Revolution und der Napo-
leonischen Zwingherrschaft die Mächte zu dem Versuch ge-
langen lassen, die internationale Rechtsordnung im weitesten
Umfange durch Stipulation einer allgemeinen Interventionspflicht gegen jede Störung zu sichern. Solches geschah auf dem
Aachener Congreß. Aber der Versuch mißlang, weil die Staats-
Auffassung der thatsächlich leitenden Mächte eine veraltete und
die Fassung ihrer Beschlüsse eine zu vage war.

Neuerdings sind accessorische Garantie-Verträge immer sel-
tener geworden, selbständige hingegen häufiger wie in früheren
Zeiten. Letztere Thatsache ist ein günstiges Zeichen fortschrei-
tender völkerrechtlicher Entwickelung, da zweckentsprechende Interventionspflichten die internationale Rechtsordnung sehr passend
an entscheidenden Punkten befestigen können. Es sind hier insbesondere zu erwähnen die unter und mit sämmtlichen europäischen Großmächten abgeschlossenen Verträge zur Garantie der
sog. ewigen Neutralität bestimmter Länder. Im Anschluß an
eine Besprechung des Inhalts dieser Verträge, soweit uns derselbe hier interessirt, soll überhaupt die juristische Natur der als
Stütze der internationalen Rechtsordnung wichtigen Interventionspflicht erörtert werden.

Nur diese nämlich hat besondere Eigenthümlichkeiten, welche
einer prinzipiellen Erörterung bedürfen und welche sich ergeben
aus dem Zweck der selbständigen Garantie-Verträge. Die aus
accessorischen Garantie-Verträgen entspringenden Interventionspflichten habe ich nicht zu erörtern. Von diesen Pflichten ist nur
zu sagen: sie gelten, wie sie stipulirt sind; der Inhalt des Haupt-
Vertrags, zu dessen Sicherung sie übernommen wurden und welcher
bekanntlich ein sehr verschiedener sein kann, ist das für ihre
rechtliche Beurtheilung entscheidende Moment. Auch zeitlich ist
die Existenz dieser Pflichten gebunden an die Fortdauer des betreffenden Haupt-Vertrags.

Der selbständige Garantie-Vertrag hingegen schließt sich an
keinen besonderen Haupt-Vertrag an, sondern nur an jenen all-

gemeinen Grund-Vertrag, welchen die Staaten behufs Herstellung einer gemeinsamen Rechtsordnung durch concludente Handlungen unter einander geschlossen haben. Zur Sicherung dieses Grund- vertrages ist er berufen, an die Sortdauer bestimmter Sätze des- selben zeitlich geknüpft — in diesem Sinne kann man ihn selbst als einen Haupt-Vertrag bezeichnen. Die Interventionspflicht, welche er stipulirt, muß also, der Natur der Sache zu Solge, ihrem Wesen nach sich anschließen an das im Abschnitt I erörterte In- terventionsrecht, muß die Ergänzung und Vollendung desselben sein. Darum kann ich auch in meinen Erörterungen über diese Interventionspflicht mich verhältnißmäßig kurz fassen.

Die Voraussetzung, von welcher die Stipulation einer selbständigen Interventionspflicht ausgeht, kann zunächst nur der Eintritt einer zweifellosen internationalen Gemeingefahr sein, welche die Intervention ohne Anrufen rechtfertigen würde. Die bestehenden Garantirungen der ewigen Neutralität bestimm- ter Staaten bestätigen diese Bemerkung. Denn ihr casus gua- rantiae ist in der That der Versuch einer Macht, durch Mißach- tung der völkerrechtlichen Souveränität der betreffenden Staaten das bestehende europäische Gleichgewicht umzustoßen. Nur ist die fragliche Stipulation in eine Sassung gebracht, durch welche sie nicht als Ausfluß der Besorgniß vor Gleichgewichtsverletzung, sondern vielmehr der Sorge für den Sortbestand kleiner Staaten erscheint. Diese Sassung vermindert wohl die prinzipielle Be- deutung der genannten Verträge — aber andererseits hat die Möglichkeit derselben es bewirkt, daß überhaupt selbständige Garantie-Verträge schon in praktische Wirksamkeit getreten sind.

Obgleich den Verträgen zur Garantirung der ewigen Neu- tralität der Schweiz, Belgiens und Luxemburgs ihre präzise Sassung und die wirklich staatlichen Zustände der garantirten Länder bisher Dauer verliehen haben, so sind diese Verträge doch bisher die einzigen selbständigen Garantie-Verträge von Bedeutung geblieben, aus dem gleichen Grunde, aus welchem sie die ersten derselben gewesen sind. Aber sie sind durchaus nicht die einzig möglichen derartigen Verträge, oder auch nur typisch in der Art, daß etwa bloß eine Ausdehnung derselben auf weitere Theile des Völkergenossenschafts-Gebiets, welche aller- dings wahrscheinlich ist, möglich wäre. Es kann vielmehr eine entsprechende Interventionspflicht stipulirt werden für alle im Abschnitt I erwähnten Fälle zweifel- loser internationaler Gemeingefahr, in welchen ein Gebrauch des Interventionsrechtes politisch rathsam erscheint. Und erst nach- dem eine derartige Vereinbarung erfolgt sein wird, wird die Kuppel des internationalen Rechtsbaues die für sie erreichbare Festigkeit erlangt haben.

Es ließe sich einmal eine solche Interventionspflicht stipu- liren zur Abwehr der aus völkerrechtswidriger Kriegführung entspringenden Gemeingefahr. Vor Allem wäre eine Vereinba- rung anzustreben zur Sicherung zweifelloser Rechte der Neu- tralen, namentlich zur See. Die bewaffnete Neutralität hat in dieser Beziehung einen freilich kurzathmigen und unsicheren An- lauf genommen, welchem indessen eine Ahnung des Richtigen zu Grunde lag. Ein im angedeuteten Sinne zur Stütze der Pariser Seemachts-Deklaration abgeschlossener Vertrag würde den praktischen Werth derselben verzehnfachen.

Es ließe sich ferner eine solche Interventionspflicht feststellen zur gemeinsamen Züchtigung des kriegerischen Überfalles eines Staates, zur Ahndung eines Kriegsbeginnes ohne justa causa belli. Ich weiß sehr gut, welche Schwierigkeiten sich bisher noch einem derartigen Vertrage entgegenstellen. Aber obschon ich seinen Abschluß nicht mehr erleben werde, weiß ich auch, daß derselbe kommen wird und daß er einen Markstein bilden wird in der völkerrechtlichen Entwickelung.

Es gibt bis jetzt kein Beispiel der Stipulation einer Inter- ventionspflicht in ursprünglich staatliche Angelegenheiten für den Fall, daß aus demselben eine internationale Gemeingefahr erwachsen sollte [1]. Für die Mehrzahl der hierher gehörigen in

---

[1] Hingegen würde das italienische Garantien-Gesetz, wenn ihm die in- ternationale Sanction ertheilt worden wäre, die völkerrechtliche Garantie

Abschnitt I erwähnten Specialfälle wird sich auch eine solche für die Zukunft nicht feststellen lassen. Denn zunächst wider-streitet es der Ehre der Staaten, den bisher am häufigsten aus ursprünglich staatlichen Händeln entstandenen Interventionsfall als für sich vorhanden gelten zu lassen, indem jedes Volk der Überzeugung leben muß, daß es seine Einheit auch widerstre-benden Elementen zum Trotz behaupten werde. Dann aber hätte auch eine diesbezügliche Interventionspflicht keinen Werth für die menschheitliche Entwickelung, da die Völkergenossenschaft nur ein Interesse hat an dem Schutze gesunder Staaten, nicht an der künstlichen Erhaltung siecher Gemeinwesen.

Hingegen gibt es eine aus ursprünglich innerstaatlichen Er-eignissen möglicherweise erwachsende internationale Gemeinge-fahr, gegen welche eben ihrer Größe und prinzipiellen Bedeutung halber die Stipulation einer völkerrechtlichen Interventionspflicht wohl am Platze wäre — das ist der Sieg einer socialdemokra-tischen oder einer dieser verwandten Erhebung auf dem Gebiete eines in der Völkergenossenschaft stehenden Staates. Auch starke und große Staaten sind von dieser Gefahr bedroht, wie das Beispiel Frankreichs leider beweist — die Völker würden also durch die Anerkennung der Möglichkeit eines gleichen Ereignisses auch auf ihrem Gebiete ihrer Ehre Nichts vergeben. Anderer-seits wäre eine Convention unter den Großmächten in dem er-wähnten Sinne vielleicht das wirksamste Mittel, weitere Ge-fahren, welche der Cultur von dieser Seite drohen, für immer hintan zu halten.

Doch ich muß offen bekennen, daß ich für die nächste Zu-kunft geringes Vertrauen habe auf den Abschluß eines derar-tigen Vertrages auch nur unter einigen Mächten. —

Die voranstehenden Erörterungen über die Voraussetzungen wirklicher und möglicher Interventionspflicht, welche die gleichen sind bei Einzel- und Collectiv-Intervention, haben gezeigt, daß

—

einer der italienischen Regierung auferlegten Pflicht zur Nicht-Intervention in die inneren Angelegenheiten des Vaticans enthalten.

3*

die Interventionspflicht stets von viel seltenerer Anwendung sein muß, als das Interventionsrecht. Sie haben ferner aber auch den engen Zusammenhang der Voraussetzungen des Interventionsrechts und der Interventionspflicht dargethan.

Ich wende mich nunmehr zur Darlegung der juristischen Natur der Interventionspflicht, bei welcher es hauptsächlich darauf ankommen wird, die Unterscheidungsmerkmale dieser Pflicht von dem Interventionsrechte aufzuzeigen.

Die stipulirte Interventionspflicht ist eine wirkliche Rechtspflicht, der Gesammtheit der Völkergenossen gegenüber eingegangen, welche den Verpflichteten nöthigt, bei Eintritt des Garantiefalles eventuell mit Opfern im Sinne des Garantie-Vertrages thätig zu sein. Entzieht sich der Garant solcher Thätigkeit, so verletzt er eine Rechtspflicht und bricht ein allen übrigen Staaten gegebenes rechtsverbindliches Versprechen. Dies hat die Folge für ihn, daß er seines Einspruchsrechtes auch gegen eine politisch für ihn nachtheilige Erledigung des Garantiefalles verlustig geht und daß nicht nur etwaige Mitgaranten, sondern auch dritte Staaten spätere Versuche solchen Eingreifens mit Gewalt zurückweisen dürfen. Die Interventionspflicht ist übrigens so wenig eine Ausnahmspflicht, wie das Interventionsrecht als solches ein Ausnahmsrecht ist: sie erscheint vielmehr gezeigtermaßen als ein nothwendiges Produkt unserer bisherigen völkerrechtlichen Entwickelung.

Die selbständige Interventionspflicht vermehrt die Lasten eines Staates, ohne dessen Befugnisse zu erweitern, sie pflegt daher neuerdings meistens nur in collectiver Form übernommen zu werden. Durch diese Form sichern nämlich die Mitgaranten den Sieg ihrer Intervention in möglichster Weise, wie nicht weiter dargethan zu werden braucht, und bewirken damit zugleich die hohe Unwahrscheinlichkeit des Eintrittes des casus guarantiae. Der Erfolg der Collectiv-Garantie ist also sicherer, als derjenige der Einzel-Garantie, trotzdem daß der Mitgarant geringere Gefahr läuft, als der Einzelgarant. Die Rechtswirkungen aber der Collectiv-Garantie für die Mitgaranten sind folgende.

Die lediglich collective Übernahme der Interventionspflicht ist allerdings eine sehr vorsichtige Art der Begründung derselben, denn sie bedeutet das Vorhandensein dieser Pflicht lediglich im Falle des rechtlich unabweisbaren Zugeständnisses des Eintritts des casus guarantiae seitens der Mitgaranten. Aber andererseits gibt sie bei illoyaler Auslegung des Garantiefalles seitens eines Garanten den Mitgaranten das Recht, den durch den Eintritt des betreffenden Garantiefalles bedingten und in dem Garantie-Vertrag enthaltenen Allianz-Vertrag für gebrochen zu erachten und demgemäß zu verfahren. Die Rechtsfolgen der Verletzung seiner Interventionspflicht werden sich daher einem Mitgaranten praktisch unzweifelhaft fühlbarer machen als einem Einzel-Garanten.

So erscheint die Collectiv-Garantie in der That als die Zukunfts-Form der selbständigen Garantie-Verträge, um so mehr, da sie auch Sicherheit bietet für die Nichtüberschreitung der Schranken der Interventionspflicht, von welcher endlich noch einige Worte zu sagen sind.

Die Schranken der Übung der Interventionspflicht stimmen mit denjenigen des Interventionsrechtes begrifflich überein, weil die Interventionspflicht sich in ihren Zwecken durchaus nicht vom Interventionsrechte unterscheidet. In der Sicherung und Wiederherstellung der bedroht oder verletzt gewesenen internationalen Rechtsordnung findet auch die Thätigkeit des Interventionspflichtigen ihre natürliche Schranke. Jede Thätigkeit des Garanten über die bezeichnete Grenze hinaus ruft also das Recht der Gegen-Intervention in dem im Abschnitte I dargelegten Umfange hervor.

Die Stipulation der Interventionspflicht in collectiver Form bietet endlich darum eine Bürgschaft für das Einhalten dieser Schranken und somit für die Erhaltung des Weltfriedens bei gegebenem Garantiefall, weil sie das Einschreiten lediglich aus Rechtsgründen sichert, als dessen nothwendige Consequenz auch die Erledigung des Garantiefalles aus gleichen Gründen sich ergibt. Der lediglich seiner Pflicht gehorchende Garant wird

nämlich selbst nicht geneigt sein, die Schranken seiner Interventionsthätigkeit zu überschreiten, wie die von England im
Jahre 1870 behufs Erfüllung seiner Garantiepflicht bezüglich Belgiens geschlossenen Verträge beweisen.

Der Interventionspflichtige muß, wie schon gezeigt wurde,
seine Thätigkeit mit dem Eintritte des Garantiefalles beginnen;
er muß sie endigen lassen mit der formellen, wenn auch ver-
tragswidrigen Erledigung desselben. Sein Nichtwiderspruch gegen
solche vertragswidrige Erledigung ist nämlich einem Verzichte
auf fernere Interventionsthätigkeit gleich zu achten. Serner
liegt in der Anerkennung vertragswidriger Erledigung eines
Interventionsfalles auch der Verzicht auf Verfolgung aller etwa
vorhandenen Rechtsansprüche gegen einen säumig gewesenen
Garanten.

Die vertragswidrige Erledigung eines Garantie-Salles beseitigt übrigens keineswegs eine allgemein formulirte Interventionspflicht. Möglicherweise kann allerdings ein selbständiger
Garantie-Vertrag in der Art concretisirt sein, daß mit vertragswidriger Erledigung seines Garantiefalles auch die betreffende
Interventions-Pflicht verschwindet. Die bestehenden Garantieen
ewiger Neutralität sind in der That so formulirt, daß eine revolutionäre Umgestaltung der Starte Europa's mit den garantirten Staats-Existenzen auch die zu deren Schutz stipulirten Interventionspflichten beseitigen könnte. Aber auch wenn ein
solcher Sall — gewiß wider deutsches Wünschen und Erwarten
— eintreten sollte — der Gedanke einer Befestigung der internationalen Rechtsordnung durch Vereinbarung entsprechender
Interventionspflichten würde darum doch in neuer und prin-
cipiellerer Sassung wieder aufleben.

————

Ich habe mich ernstlich bemüht, meine Darstellung der Interventions-Lehre juristisch und in der Art zu gestalten, daß sie
die wirkliche Natur der Sache enthülle.

Meine Abhandlung will verstanden sein aus einer objectiv-generellen und idealistischen Rechts-Auffassung heraus.

Ich gehe vom objectiven und generellen Standpunkt aus, weil meiner tiefsten Überzeugung nach der Subjectivismus und Individualismus in der Jurisprudenz wissenschaftlich überwunden sind — mag auch der Nachtrab der alten Naturrechtler in Theorie und Praxis noch allerlei seltsame Sprünge machen.

Einer idealistischen Rechts-Auffassung aber huldige ich, weil ich ein Deutscher bin.